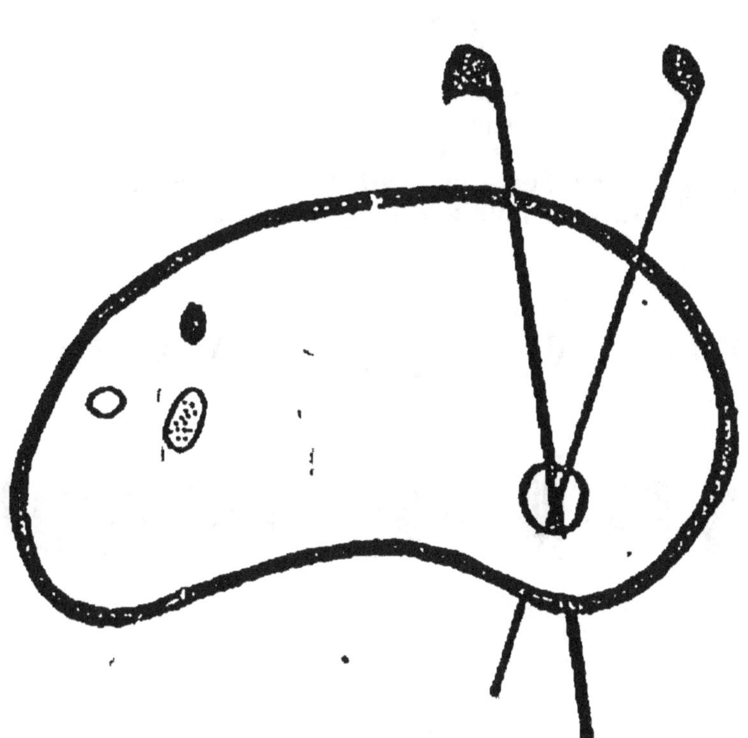

DEBUT D'UNE SERIE DE DOCUMENTS
EN COULEUR

RÉPUBLIQUE FRANÇAISE   VILLE DE GRENOBLE

RUE SAINT-LOUIS

Homologation de nouveaux alignements en vue
de l'élargissement de la rue Saint-Louis et de la régularisation
des rues voisines
Acquisition de Terrains destinés à être incorporés
à la voie publique et de hors lignes

PROCÈS-VERBAL DE L'ENQUÊTE

AVIS DE M. PAUL FOURNIER

PROFESSEUR A LA FACULTÉ DE DROIT

Commissaire-Enquêteur

GRENOBLE

BARATIER ET DARDELET, IMPRIMEURS-LIBRAIRES

4, Grande-Rue, 4

1897

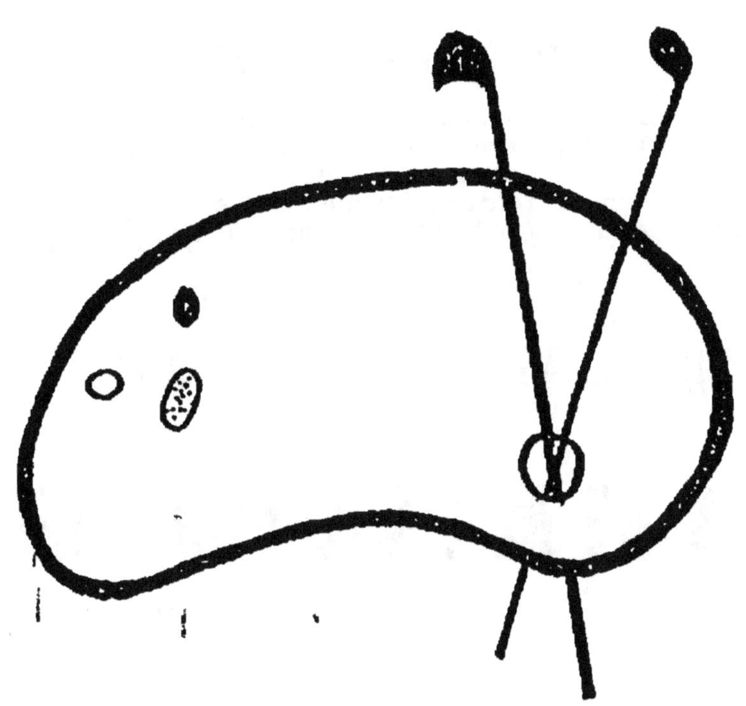

FIN D'UNE SERIE DE DOCUMENTS
EN COULEUR

RUE SAINT-LOUIS

Homologation de nouveaux alignements en vue
de l'élargissement de la rue Saint-Louis et de la régularisation
des rues voisines
Acquisition de Terrains destinés à être incorporés
à la voie publique et de hors lignes

PROCÈS-VERBAL DE L'ENQUÊTE

AVIS DE M. PAUL FOURNIER

PROFESSEUR A LA FACULTÉ DE DROIT

Commissaire-Enquêteur

GRENOBLE
BARATIER ET DARDELET, IMPRIMEURS-LIBRAIRES
4, Grande-Rue, 4

1897

Procès-verbal d'Enquête

L'an mil huit cent quatre-vingt-dix-sept, le vendredi sept mai,

Nous, Paul-Eugène-Louis Fournier, professeur à la Faculté de Droit de Grenoble, commissaire-enquêteur chargé par arrêté de M. le Préfet de l'Isère, en date du 17 avril 1897, de procéder à une enquête sur un projet relatif aux objets suivants :

1° Le maintien des alignements adoptés pour le prolongement de la rue Corneille, tels qu'ils ont été homologués par l'arrêté préfectoral du 27 janvier 1883, sous réserve du déplacement ultérieur de l'église Saint-Louis ;

2° L'ouverture d'une voie nouvelle de 24 mètres de largeur entre la rue Molière et la place Grenette, avec les alignements ci-après : au Sud-Est, suivant une ligne partant de l'angle Nord de la maison Chassary, rue Molière, et aboutissant place Grenette, à l'angle Nord de l'hôtel de l'Europe ; au Nord-Ouest, suivant une seconde ligne rectiligne, parallèle à la précédente, et tracée exactement à 24 mètres de distance;

3° La création d'un carrefour délimité par la rencontre des alignements actuels de la rue Saint-François et de la rue Bressieux ;

4° La déshomologation de l'alignement Ouest de la rue de Sault, antérieurement fixé par l'arrêté préfectoral du 27 janvier 1883, et l'homologation de cet alignement suivant la ligne des façades actuelles et son prolongement jusqu'à la voie nouvelle, avec interruption dans la traversée de la rue Corneille ;

5° Le prolongement de la rue des Casernes-de-Bonne suivant la direction de l'alignement Est, avec interruption dans la traversée de la rue Corneille ;

6° L'établissement de trois pans coupés, savoir :

A. D'un premier pan coupé de 5 mètres de longueur à l'intersection de l'alignement Sud-Est de la voie nouvelle et de l'alignement Est de la rue Gentil-Bernard ;

B. D'un deuxième pan coupé de 8 mètres de longueur, à l'intersection de l'alignement Nord-Ouest de la voie nouvelle et de l'alignement Sud de la rue Créqui ;

C. D'un troisième pan coupé de 5 mètres de longueur, à l'intersection de l'alignement Sud-Est de la voie nouvelle et de l'alignement Est de la rue des Casernes-de-Bonnes prolongée ;

7° La déclaration d'utilité publique du projet;

Laquelle enquête a été annoncée par voie de publications et d'affiches placardées aux lieux accoutumés (1) ;

Nous sommes rendu à l'Hôtel de Ville de Grenoble, à neuf heures du matin, et avons ouvert le présent procès-verbal.

Nous nous sommes fait représenter les pièces de l'affaire, nous les avons côtées par lettres alphabétiques et revêtues de notre visa. Elles comprennent les documents suivants :

A. — Arrêté préfectoral du 17 avril 1897, ordonnant l'enquête et désignant le commissaire-enquêteur.

1. Il a été annoncé en outre par placards apposés à l'Hôtel de Ville et par insertions faites dans les journaux, que le commissaire-enquêteur se tiendrait à la disposition du public, en l'Hôtel de Ville, salle de travail des conseillers municipaux, le vendredi 7 mai, de 9 heures à

B. — Imprimé constatant l'accomplissement des formalités de publicité.

C. — Deux exemplaires du rapport présenté par M. Tartari au Conseil municipal et des délibérations de cette assemblée, en date des 8 et 9 avril 1897

D. — Plan parcellaire pour demande d'homologation des alignements.

E. — Tableau parcellaire pour demande d'homologation des alignements.

F. — Aperçu sommaire des dépenses,

G. — Contre-projet présenté par M. Marquian, conseiller municipal.

H. — Contre-projet présenté par M. Ginas, conseiller municipal.

I. — Lettre d'envoi de M. Ginas à M. le Maire de Grenoble, en date du 15 mars 1897.

Nous avons ensuite reçu les déclarations suivantes :

11 heures du matin, et de 3 heures à 5 heures du soir ; le samedi 8 mai, de 8 heures à 10 heures du matin, et de 3 heures à 5 heures du soir, et le dimanche 9 mai, de 8 heures du matin à midi.

Première Journée (7 Mai)

Séance du matin

Déclaration n° 1. — Mme la Baronne de Polinière

I. — Nous avons reçu la déclaration écrite de Mme la Baronne de Polinière, demeurant au château de Montbive, à Biviers (Isére), propriétaire de l'immeuble sis rue Créqui, n° 20 (Cadastre, nos 476 et 477), laquelle considère comme inutile l'expropriation de sa maison avant la démolition de l'église Saint-Louis, en face de laquelle elle est située ; ajoute que sa maison ne se prête pas à une réparation partielle, et que, puisqu'il faudra reconstruire l'immeuble en entier, ladite comparante aura droit à une indemnité considérable.

Nous avons visé ladite déclaration, l'avons cotée par le n° 1 et l'avons versée au dossier de l'enquête (1).

Déclaration n° 2. — M. Desplagnes, président du Conseil de Fabrique de Saint-Louis

II. — Nous avons reçu la déclaration écrite de M. A. Desplagnes, président du Conseil de Fabrique de Saint-Louis, agissant au nom et par délégation dudit Conseil, lequel a fait toutes réserves de droit « en ce qui concerne soit la propriété absolue, soit la propriété *sui generis* et la jouissance exclusive du Presbytère tout entier » de la cure de Saint-Louis. Il a ajouté « que dans tous les cas ladite Fa-

---

1. Les numéros d'après lesquels nous avons classé les déclarations figurent inscrits au crayon rouge sur ces déclarations.

brique ne pourrait en être dépossédée que par les voies légales et moyennant la concession d'un autre immeuble devant servir exclusivement de Presbytère, de même valeur, de même étendue et dans des conditions équivalentes de proximité pour le service du culte » — La Fabrique reconnait d'ailleurs que ces droits peuvent être sauvegardés par une entente amiable, à laquelle elle est très disposée à se prêter.

Après avoir visé ladite déclaration, nous l'avons versée à l'enquête où elle figure sous le n° 2.

Déclarations n° 3 et 3 ter. — M. Joseph Monnet

III.— Nous avons reçu la déclaration écrite de M. Joseph Monnet, demeurant rue Bressieux, 5, propriétaire de l'immeuble connu sous le nom d'hôtel Monnet, sis place Grenette et rescindé par le projet mis à l'enquête.

Le comparant proteste contre « l'amputation » dont son immeuble est menacé par le projet soumis à l'enquête. Il déclare que les conséquences de cette amputation ne seront nullement compensées par l'abandon qui lui serait fait du hors-ligne de 144 mètres laissé libre au carrefour de la rue Saint-François et de la rue Bressieux. Selon son opinion, ce terrain ne peut servir que de jardin d'agrément et non de terrain à bâtir.

Pour les raisons déduites dans sa déclaration, le comparant estime que les dépenses nécessitées par le rescindement de l'hôtel, les aménagements et les transformations qui en seront la conséquence s'élèveront à 200 mille francs environ, sans préjudice de l'indemnité que pourra réclamer Mme Trillat, locataire, qui exploite l'hôtel.

Pour éviter le rescindement, le comparant recommande l'adoption d'un alignement Nord-Ouest qui respecterait son immeuble ; il estime qu'on pourrait maintenir en même temps l'alignement Sud-Est tel qu'il est fixé au projet soumis à l'enquête. Le léger rétrécissement qui en résulterait à l'entrée de la voie serait à son avis compensé par de sérieux avantages.

Subsidiairement, pour le cas où cette combinaison serait rejetée, il demande qu'on revienne au plan « proposé par le service de la Voirie ». Il entend sans doute par ces mots un projet d'après lequel l'ouverture de la voie nouvelle, large de 24 mètres, s'appuierait au Nord-Ouest sur le saillant de l'hôtel Monnet conservé dans son intégralité, tandis qu'elle rescinderait au Sud-Est l'hôtel de l'Europe.

Un plan du rez-de-chaussée de l'hôtel Monnet et un plan des étages (dans les parties où ils seraient rescindés), sont annexés à cette déclaration.

Après avoir visé la déclaration et les plans, nous les avons versés au dossier sous les numéros 3 et 3 *ter*.

Déclaration n° 3 *bis*. — Mme Ve Trillat et ses fils

IV. — Nous avons reçu la déclaration écrite de Madame veuve Trillat, demeurant place Grenette, 14, qui déclare agir au nom de MM. Louis, Joseph et Emile Trillat, ses fils majeurs, et de M. Edmond Trillat, son fils mineur, dont elle est tutrice, aussi bien qu'en son nom personnel. Mme Trillat et ses fils sont propriétaires du fonds de commerce connu sous le nom d'*Hôtel Monnet* et locataires de l'immeuble.

Ladite dame Trillat dit, en résumé, que la réalisation du projet soumis à l'enquête causerait à elle et à ses enfants un préjudice considérable et irréparable. Elle ajoute qu'il n'y a pas lieu de considérer comme une compensation la faculté qui lui serait laissée de bâtir sur le terrain libre situé devant l'hôtel du côté de la rue Saint-François.

Après avoir visé ladite déclaration, nous l'avons versée à l'enquête sous le n° 3 *bis*.

Déclaration n° 4. — M. Balme

V. — Nous avons reçu la déclaration écrite de M. Balme, facteur de pianos, demeurant à Grenoble, 6, place de la Halle. — Le projet qu'il propose admet la voie de 24 mètres mettant en communication directe la place Grenette et la rue Molière ; mais il diffère du projet soumis à l'enquête quant au point de départ des alignements. D'après M. Balme, l'alignement Sud-Est partirait du point précis où l'alignement de la rue Corneille prolongée atteindrait la place Grenette, c'est-à-dire du mur de séparation des immeubles portés sur le plan cadastral sous les nᵒˢ 520 et 521 : on épargnerait ainsi, sur la place Grenette, les immeubles portés sous les nᵒˢ 521 et 522. Au Nord-Ouest, pour atteindre la largeur de 24 mètres, M. Balme est obligé de reporter le point de départ de son alignement fort avant sur la place Grenette et d'entamer profondément l'hôtel Monnet. Il estime cependant son projet plus économique que celui qui est soumis à l'enquête ; d'abord parce qu'il épargne deux immeubles de la place Grenette, puis parce que, à son avis, le travail pourrait être effectué progressivement. M. Balme semble réserver pour une date ultérieure l'exécution d'une partie des travaux, notamment de ceux qui concerneraient l'hôtel Monnet.

M. Balme est d'avis que l'économie qui pourrait être réalisée serait utilement employée à l'élargissement de la rue Gentil-Bernard.

Après avoir visé la déclaration de M. Balme, nous l'avons versée à l'enquête sous le n° 4.

Et attendu qu'il est onze heures et demie, nous avons clos la séance du matin et renvoyé à ce soir la continuation de l'enquête, conformément aux indications portées à la connaissance du public par des placards affichés à la Mairie et par des insertions dans les journaux.

Le Commissaire-enquêteur,
PAUL FOURNIER.

7 mai — Séance du soir.

Le même jour, sept mai, à trois heures du soir, conformément aux indications mentionnées plus haut, nous avons ouvert de nouveau la séance.

Déclaration n°. 9 — M. J.-B. Beillier

Nous avons reçu au cours de cette séance une seule déclaration, à nous faite verbalement par M. J.-B. Beillier, propriétaire, 9, place Grenette, qui demande une réduction des dépenses. Il croit qu'on obtiendrait une économie sérieuse en respectant l'hôtel Mohnet du côté du Nord-Ouest, et en laissant subsister au Sud-Est l'immeuble Dumolard (cadastre, n° 520), qui, de ce côté, formerait l'angle de la voie nouvelle et de la place Grenette. La voie, moins large à son début, ne tarderait pas à s'élargir.

Après avoir couché par écrit ladite déclaration sous la dictée du comparant, qui a approuvé notre rédaction et y a apposé sa signature, nous l'avons versée à l'enquête, où elle figure sous le n° 9.

Et attendu qu'il est cinq heures, nous avons clos la séance et renvoyé à demain la continuation de l'enquête.

Le Commissaire-enquêteur,

Paul FOURNIER.

Deuxième Journée (8 mai)

Séance du matin.

Déclaration n° 5. — M. Paul Thibaud

Le samedi huit mai, à huit heures du matin, conformément aux indications placardées à la Mairie et insérées dans les journaux, nous avons ouvert de nouveau la séance et avons reçu une seule déclaration, écrite, émanant de M. Paul Thibaud, avocat, ancien magistrat, demeurant au n° 20 de la rue Créqui.

M. Thibaud critique le projet soumis à l'enquête, qu'il considère à la fois :

Comme inutile,

Comme beaucoup trop grandiose,

Comme beaucoup trop onéreux pour les finances municipales (1),

Comme nuisible à l'intérêt général et préjudiciable à la place Grenette,

Comme défectueux au point de vue architectural.

M. Thibaud propose d'élargir la rue Saint-Louis du côté Sud-Est seulement, en donnant à la voie une largeur de 12 à 15 mètres au plus. Cet élargissement ne serait pratiqué que de la place Grenette à la rue Créqui; par conséquent, au-delà de la rue Créqui, du côté Sud-Est, l'état actuel serait conservé. En revanche, M. Thibaud élargit la communication de la rue Saint-Louis avec la rue Molière en reculant le presbytère Saint-Louis et la maison

____

(1) Le comparant estime que les dépenses dépasseraient d'un million les deux millions prévus par le projet municipal.

Michon (cadastre, n°s 314, 315 et 316) pour établir un large pan coupé. Ce pan coupé partirait de la porte du presbytère, et aboutirait à la rue Saint-Louis au moyen d'un léger reculement de la maison Jourdan (cadastre, n°s 311 *bis* à 313).

Après avoir visé la déclaration de M. Paul Thibaud, nous l'avons versée à l'enquête où elle figure sous le n° 5.

Et attendu qu'il est dix heures, nous conformant aux indications précitées, nous avons clos la séance et renvoyé à ce soir la continuation de l'enquête.

Le Commissaire-enquêteur,

PAUL FOURNIER.

8 mai. — Séance du soir

Le même jour, huit mai, à trois heures du soir, conformément aux indications mentionnées plus haut, nous avons ouvert de nouveau la séance.

Déclaration n° 6. — M. Jourdan et 54 habitants de Grenoble

I. — Nous avons reçu, des mains de M. Jourdan, agent général d'assurances, propriétaire, rue Saint-Louis, 4, une déclaration collective, portant avec sa signature, celles, non légalisées, de cinquante-quatre habitants de Grenoble, pour la plupart propriétaires ou négociants, dont le domicile est indiqué.

Les signataires de cette déclaration critiquent le projet soumis à l'enquête à un triple point de vue.

Ils le trouvent trop coûteux, parce qu'il établit une voie trop large.

Ils le trouvent défectueux au point de vue architectural.

Ils estiment que l'exécution de ce projet ouvrirait un passage facile au vent d'Ouest, c'est-à-dire au vent régnant, « qui inonderait de poussière les quartiers de l'ancienne ville ».

Ils demandent que la Municipalité revienne au plan homologué en 1883, c'est-à-dire au plan qui se borne à reculer l'alignement Sud-Est de la rue Saint-Louis à l'alignement de la rue Corneille, sans modifier l'alignement Nord-Ouest de ladite rue Saint-Louis. (On sait que ce plan supposait la translation de l'église Saint-Louis et créait aussi une voie directe de quinze mètres de largeur, allant du milieu de la place Victor-Hugo à la place Grenette).

Après avoir visé la déclaration collective que nous a remise M. Jourdan, nous l'avons versée à l'enquête sous le n° 6.

Déclaration n° 10. — M. et Mme Brun

II. — M. Maximin Brun et Mme Brun, née Dumolard, propriétaires des immeubles, sis rue Saint-Louis, 1, et place Grenette (café Lyonnais, café du Roulage et café du Commerce), nous ont déclaré verbalement qu'ils s'opposent à la voie de 24 mètres prévue par le projet soumis à l'enquête, et qu'ils demandent que la rue Saint-Louis soit simplement élargie à 15 mètres, conformément au plan homologué en 1883.

Nous avons immédiatement couché cette déclaration par écrit. Les comparants ont approuvé les termes de cet écrit et y ont apposé leur signature. Nous l'avons ensuite versé à l'enquête, où il figure sous le n° 10.

Et attendu qu'il est cinq heures, nous avons clos la séance et renvoyé à demain la continuation de l'enquête.

Le Commissaire-enquêteur,

PAUL FOURNIER.

Troisième Journée

Le dimanche neuf mai, à huit heures du matin, conformément aux indications placardées à la Mairie et insérées
dans les journaux, nous avons ouvert de nouveau la
séance.

Déclaration n° 11. — M. Béatrice et ses fils

I. — Nous avons reçu les déclarations orales, identiques,
de M. Charles Béatrice, demeurant à Grenoble, 16, rue de
la Pépinière, propriétaire d'un immeuble, rue Créqui, n° 17
(cadastre n° 311), compris dans le projet soumis à l'enquête,
et de MM. Joseph et Charles Béatrice, ses fils, majeurs, demeurant avec lui.

Par ces déclarations, MM. Béatrice s'opposent au projet
soumis à l'enquête et adhèrent au contre-projet présenté au
Conseil municipal par M. Marquian.

Nous avons immédiatement couché ces déclarations par
écrit. Les comparants ont approuvé les termes de cet écrit
et l'ont revêtu de leur signature. Nous l'avons ensuite versé
à l'enquête où il figure sous le n° 11.

Déclaration n° 7. — M. Marquian

II. — Nous avons ensuite reçu la déclaration écrite de
M. Marquian, membre du Conseil municipal, auteur d'un
contre-projet qui figure au dossier sous la lettre.

Après avoir présenté une rectification au procès-verbal
de la séance du Conseil municipal du 9 avril, qui figure à

l'enquête (pièce côtée C), M. Marquian fait ressortir les avantages du contre-projet dont il est l'auteur.

La voie projetée par M. Marquian a le même point de départ (la place Grenette), le même point d'arrivée (la rue Molière) et la même largeur (24 mètres) que le projet soumis à l'enquête. Mais elle en diffère par la direction. M. Marquian fait remarquer qu'en prolongeant la place Grenette à peu près dans son axe, il réalise l'agrandissement, d'ailleurs nécessaire, de cette place devenue insuffisante.

Ce plan échappe, suivant son auteur, à deux critiques graves qu'il adresse au projet soumis à l'enquête.

La première de ces critiques vise l'incorrection dudit projet, incorrection qui résulte, d'après M. Marquian, de « l'écartement anormal des deux côtés de la voie nouvelle ».

La seconde critique est fondée sur la dépense considérable que doit entraîner la réalisation du projet soumis à l'enquête. M. Marquian espère, par son projet, réaliser de sérieuses économies ; en effet, il n'élargit la rue Saint-Louis que par le côté Sud-Est et laisse subsister les maisons du côté Nord-Ouest ; de plus, il ne touche pas à l'hôtel Monnet.

Après avoir visé la déclaration écrite de M. Marquian, nous l'avons versée à l'enquête sous le n° 7.

Déclaration n° 8. — Pétitions

III. — En outre, M. Marquian nous a remis une feuille de pétition, côtée pétition n° 1, portant quarante signatures, non légalisées et dépourvues d'indications de domiciles et de professions. Les signataires critiquent le projet soumis à l'enquête au point de vue de la dépense, qui sera trop grande ; au point de vue des règles de la voirie et du bon goût, qui seront violées ; au point de vue de l'orientation de la voie nouvelle, qui, exposée au vent régnant, laissera pénétrer des nuages de poussière dans l'ancienne ville. Ils demandent qu'au projet soumis à l'enquête soit substitué le contre-projet proposé par M. Marquian.

Après avoir visé cette pétition, nous l'avons versée à l'enquête sous le n° 8.

L'heure fixée pour la clôture de l'enquête étant arrivée, nous avons clos le présent procès-verbal contènant douze déclarations, et une pétition, qui toutes, plus ou moins, critiquent le projet soumis à l'enquête.

Le Commissaire-enquêteur.

Paul FOURNIER.

APPENDICE

Après avoir clos l'enquête, nous avons reçu à notre domicile les documents ci-après indiqués, que nous avons cru devoir joindre au dossier de l'enquête.

Déclarations nos 12 à 19. — Pétitions

I. — Huit feuilles de pétitions, cotées du no 2 au no 9, reproduisant le texte de la pétition qui nous a été remise au dernier jour de l'enquête par M. Marquian.

La feuille 2 porte 25 signatures
» 3 » 14 »
» 4 » 33 »
» 5 » 8 »
» 6 » 22 »
» 7 » 11 »
» 8 » 7 »
» 9 » 10 »
En tout 130 signatures

Ces signatures ne sont pas légalisées. 80 d'entre elles sont complétées par l'indication de la profession du signataire, ou par l'indication de son domicile, ou par l'une et l'autre de ces indications.

Ces pétitions, visées par nous, figurent au dossier de l'enquête sous les nos 12 à 19.

Déclaration n° 20. — M. Pascal, fondeur

II. — Un plan présenté par M. Pascal, fondeur à Grenoble, portant cette devise : Faire beau, faire grand et assainir. M. Pascal ouvre la communication entre la place Grenette et la place Victor-Hugo en prolongeant selon son axe la rue Molière, à laquelle il maintient une largeur de 24 mètres. Aux abords de la place Grenette, la voie s'évase de manière à faire tomber tout le côté Nord de la place, y compris d'un côté l'hôtel Monnet, et de l'autre l'immeuble où est situé le café Cartier, c'est-à-dire tous les immeubles compris entre la rue Saint-François et la rue Montorge. Le projet est complété par une large ouverture reliant le Jardin-de-Ville à la rue Montorge, au point de départ de cette dernière rue.

M. Pascal estime à 4 millions les dépenses qu'entraînerait l'exécution de son projet.

Le plan de M. Pascal, visé par nous, figure à l'enquête sous le n° 20.

Déclaration nos 21 à 27. — Pétitions.

III. — Sept feuilles de pétitions, cotées du n° 10 à 16, reproduisant le texte de la pétition qui nous a été remise au dernier jour de l'enquête par M. Marquian.

La feuille 10 porte 15 signatures
»   11   » 10   »
»   12   »   9   »
»   13   »   3   »
»   14   »   7   »
»   15   »   9   »
»   16   »   5   »

En tout 58 signatures.

Ces signatures ne sont pas légalisées, 31 d'entre elles sont complétées par l'indication de la profession du signataire, ou par l'indication de son domicile, ou par l'une et l'autre de ces indications.

Ces pétitions, visées par nous, figurent à l'enquête sous les nᵒˢ 21 à 26.

Le nombre des signatures qui ont été apposées à la pétition rédigée à l'appui du projet de M. Marquian s'élève en tout à 228.

Après avoir reçu ces divers documents, nous avons clos le présent appendice au procès-verbal de l'enquête

Grenoble, 19 mai 1897.

Le Commissaire-enquêteur,

Paul FOURNIER.

Avis du Commissaire-Enquêteur

Le Commissaire-enquêteur soussigné, en formulant son avis, se conformera à l'ordre suivant :

Tout d'abord il exposera les idées fondamentales qui l'ont guidé dans l'appréciation des projets divers qui ont été proposés ;

Puis il examinera chacun de ces projets et conclura en indiquant celui auquel il donne la préférence;

Enfin il émettra son opinion sur diverses observations présentées à l'enquête en faveur des intérêts d'un établisse-ment public, la Fabrique de Saint-Louis, et de quelques per-sonnes privées.

I

Idées fondamentales

1º Il est nécessaire d'établir une communication large et commode, qui doit répondre à un double but :

A Relier la ville nouvelle à la ville ancienne ;

B Assurer les communications entre la gare, où s'ef-fectue un mouvement considérable de voyageurs et de marchandises, et le quartier central de l'ancienne ville, où sont situés les hôtels les plus importants et où aboutissent la plupart des services de voitures publiques.

Cette voie devra subvenir aux nécessités d'une circula-tion active et croissante, tant de piétons et de bicyclettes que de voitures de tout ordre et de tramways, à vapeur ou électriques.

L'établissement de cette voie sera, le couronnement logique de l'œuvre de la construction de la nouvelle ville.

La voie projetée constitue, d'ailleurs, une fraction importante de la grande artère qui, après l'achèvement du deuxième tronçon de la Voie centrale, mettra en communication directe la gare avec le pont de l'Ile-Verte et par ce pont avec la rive droite de l'Isère.

2° La voie nouvelle doit aller de la place Grenette à la place Victor-Hugo. Sur la place Grenette, à moins d'éventrer le côté Nord-Ouest de cette place (de l'hôtel Monnet au café Cartier), ce qui serait beaucoup trop coûteux, la voie ne peut partir que de l'extrémité-Ouest, c'est-à-dire de l'entrée de la rue Saint-Louis actuelle. D'autre part, il est impossible de songer à la faire déboucher sur la place Victor-Hugo par la rue Corneille. En effet, outre que cette rue n'est large que de 15 mètres (1), elle s'ouvre sur le milieu du square qui occupe la place Victor-Hugo. Le courant principal de la circulation devrait donc, en débouchant de la rue Corneille, tourner à angle droit pour gagner l'angle Nord-Ouest de la place Victor-Hugo (coin de la rue Molière), puis tourner encore à angle droit pour suivre la face Nord de cette place : incontestablement ce serait là une direction fort incommode à plus d'un point de vue. Se résignât-on, et ce serait dommage, à sacrifier le beau square de la place Victor-Hugo, la rue Corneille n'en serait pas moins, pour la circulation, un débouché très médiocre ; en effet, elle correspond directement de l'autre côté de la place, non pas à une large voie, mais à la paisible rue Vauban, qui par sa situation n'est susceptible de canaliser aucun grand courant. En réalité, le débouché de la voie de communication projetée ne peut se faire utilement que sur la rue Molière.

---

1. Comme on le dira plus loin, il faut 17 mètres au moins si l'on veut de spacieux trottoirs et une chaussée qui se prête commodément à la circulation des tramways.

3° Le problème est donc nettement délimité. Il s'agit de trouver le meilleur moyen de relier l'extrémité Ouest de la place Grenette et la rue Molière, par une voie qui permettra le passage des tramways en même temps qu'elle offrira des larges trottoirs aux promeneurs et aux commerçants. De l'énoncé même de la question se dégagent quelques conséquences qu'il importe de signaler:

D'abord, en ce qui touche la direction de la voie : une voie directe d'une extrémité à l'autre, si elle est possible, sera naturellement préférable à une voie en ligne brisée;

En second lieu, quant à la largeur de là voie : une voie dont la largeur serait inférieure à dix-sept mètres sacrifierait nécessairement ou la circulation des tramways ou l'établissement de spacieux trottoirs. D'ailleurs, il est une autre considération dont il faudra tenir compte pour déterminer la largeur de la voie nouvelle : elle subira fatalement l'influence de la largeur de la rue Molière et de la place Grenette auxquelles elle doit aboutir.

4° Le transfert de l'église Saint-Louis, dont il a été souvent question, serait, il ne faut pas se le dissimuler, une opération coûteuse. En elle-même, cette opération, consistant à détruire, pour la réédifier, une église en bon état, ne devrait être considérée comme absolument urgente qu'autant qu'elle serait jugée essentielle à l'établissement de la voie de communication projetée. Or, à cet égard, le transfert de l'église Saint-Louis serait complètement inutile; en effet, il permettrait tout simplement d'aboutir à la rue Corneille, qui, on l'a vu, n'est point apte à recevoir le courant de la circulation. Bien plus : la résolution qui serait prise de subordonner l'établissement de la voie nouvelle au transfert de Saint-Louis, en d'autres termes de lier indissolublement les deux questions, n'irait pas sans présenter un grave inconvénient.

· Le décret de désaffectation nécessaire pour réaliser le transfert de l'église, exigera, on peut en être assuré, des négociations fort lentes et très complexes. Or, si l'on place le transfert de Saint-Louis dans le programme des travaux auxquels doivent subvenir les ressources provenant de la prorogation de l'emprunt de onze millions, cette prorogation ne pourra être autorisée qu'à l'issue de ces négociations. En attendant, la ville de Grenoble perdra le bénéfice important qu'elle attend de la conversion de l'emprunt, soit 60.000 francs par an environ. De ces considérations, on peut tout au moins conclure que le transfert de Saint-Louis n'est pas une opération qui s'impose avec une extrême urgence, et qu'il serait imprudent de le lier indissolublement à l'ouverture de la communication projetée.

5° Cependant, si le transfert de l'église Saint-Louis ne peut être considéré comme une œuvre de première urgence, il paraîtrait aussi difficile de renoncer pour jamais à la réaliser. En effet, n'est-il pas permis de soutenir que la Ville s'est moralement engagée à opérer ce transfert lorsqu'elle a proposé l'homologation des alignements d'après lesquels ont été construits l'immeuble Chassary et les immeubles qui lui font face dans la rue Corneille? Au surplus, aucune considération décisive n'impose le maintien perpétuel de l'église Saint-Louis. Cet édifice, souvent insuffisant pour le service du culte, ne se recommande par aucun caractère artistique ni par aucun souvenir historique. Il est d'ailleurs, depuis le décret du 25 mars 1895, modifiant les circonscriptions paroissiales, placé à l'extrémité du territoire qu'il doit desservir. Ce sont là autant de raisons qui permettent d'en considérer le transfert comme un projet parfaitement justifiable. Sans doute il serait dangereux de se résoudre à transférer Saint-Louis immédiatement; en revanche il ne serait pas conforme aux règles de la sagesse d'adopter une ligne de conduite qui en impliquerait le maintien définitif. Il suffit seulement de s'abstenir de compliquer du projet de transfert de Saint-Louis le projet d'établissement de la voie de communication soumise à l'enquête.

6º Dans le choix des partis à prendre, il faut sans doute tenir grand compte des considérations d'économie ; toutefois il ne faut pas oublier que des projets comme celui dont il s'agit, une fois réalisés, renouvellent l'état d'une ville pour de longues années, souvent pour des siècles. Ce serait donc une faute de se laisser guider uniquement par le désir de dépenser le moins d'argent qu'il sera possible. Il appartient à ceux qui dirigent les finances d'une ville, qui connaissent ses forces présentes et prévoient ses ressources futures aussi bien que les nécessités auxquelles elle aura à pourvoir, de s'inspirer de ces deux considérations lorsqu'ils mesurent les sacrifices qu'ils demandent à leurs concitoyens.

II

Appréciation des divers projets

Ces idées fondamentales une fois exposées, les conséquences s'en déduisent facilement.

Projet de M. Pascal

Il faut tout d'abord écarter le projet de M. Pascal (déclaration nº 20), très séduisant par certains côtés, mais aussi extrêmement coûteux, puisqu'il exproprie tout le côté Nord-Ouest de la place Grenette, depuis l'hôtel Monnet jusqu'au café Cartier inclusivement.

Projet de M. Balme

J'écarte aussi, sans en méconnaître les mérites, le projet de M. Balme (déclaration nº 4). L'exécution intégrale en serait très dispendieuse, car elle entamerait profondément l'hôtel Monnet. Je sais bien que M. Balme ne propose pour le moment qu'une exécution partielle et s'en rapporte aux générations futures pour l'achèvement de son plan ; notamment il semble se résigner à laisser subsister provisoirement le promontoire aussi disgracieux qu'incommode que formerait, à l'ouverture de la voie, l'hôtel Monnet. Mais je ne pense pas qu'on puisse songer à abandonner la situation actuelle pour s'engager dans une période indéfinie de transition et de transformation (1).

Proposition de M. Thibaud

Pour des raisons différentes, je ne crois point devoir me rallier à la proposition très restreinte de M. Thibaud (déclaration nº 5), qui, de la place Grenette à la rue Créqui, donne à la rue Saint-Louis une largeur de 12 à 15 mètres au plus, prise sur le côté Sud-Est de cette rue. M. Thibaud laisse, au-dèlà de la rue Créqui, subsister la rue St-Louis telle qu'elle existe actuellement, et se borne à élargir, du côté du presbytère, la communication existant entre cette rue et la rue Molière.

Les critiques adressées par M. Thibaud au projet soumis à l'enquête s'appliqueraient tout aussi bien à l'ensemble des travaux de voirie effectués depuis quinze ans dans la ville nouvelle. M. Thibaud estime, en effet, que des voies d'une largeur de 12 mètres suffisent aux besoins de la circulation dans Grenoble. Il est possible de discuter en théorie sur la valeur relative des voies larges et des voies étroites ; mais il y a longtemps que la ville de Grenoble a tranché cette question. En fait, elle a appliqué à ses nouveaux quartiers le système des voies larges (de 15 à 24 mètres) ; elle a permis ou provoqué l'établissement de tramways. On ne s'expliquerait pas bien qu'elle changeât

1. Les idées émises dans la déposition de M. J.-B. Beillor, présentent de l'analogie avec celles de M. Balme (déclaration nº 9).

de principe au moment où il s'agit d'achever la tâche qu'elle s'est imposée, et qu'elle se refusât à souder à l'ancienne ville les quartiers récemment créés à grands frais.

Projet de M. Marquian

Le projet de M. Marquian, membre du Conseil municipal (pièce côtée G et déclaration n° 7), se présente accompagné d'une pétition revêtue de 227 signatures (1). (Déclarations n°s 8, 12 à 19, 21 à 27). Cependant il soulève, à mon sens, de très graves objections, qui peuvent se résumer ainsi qu'il suit :

1° Le courant principal de la circulation de la place Grenette à la rue Molière, y suit une ligne brisée et non une ligne droite.

2° La voie proposée par M. Marquian, d'après une direction qui d'ailleurs fait un angle sensible avec l'axe de la place Grenette (il s'en faut qu'elle en soit le prolongement en droite ligne) se termine d'une manière fort peu satisfaisante, qu'on admette le maintien ou la suppression de l'église Saint-Louis. Si l'église est maintenue, la grande voie de 24 mètres vient se terminer non seulement à la façade de l'église, mais à la rue de l'Abreuvoir et à l'immeuble qui forme le coin de cette rue et de la rue de Sault. Si l'église Saint-Louis disparaît, la voie, large de 24 mètres, à laquelle la rue Corneille ne correspond que pour 15 mètres, vient se heurter sur une largeur de 9 mètres à l'îlot opposé à l'immeuble Chassary. On obtiendra ainsi, de la place Grenette, une perspective, non symétrique, se rétrécissant pour s'engager dans le boyau de la rue Corneille : l'effet serait, je crois, assez disgracieux.

3° Le contre-projet de M. Marquian maintient les vieilles maisons du côté Nord-Ouest de la rue Saint-Louis ; il main-

---

1. Joignez-y la déclaration n° 11, conçue dans le même sens. Elle émane de M. Béatrice, propriétaire d'un immeuble sis rue Créqui, n° 17, et de ses deux fils, MM. Joseph et Charles Béatrice.

tient aussi l'alignement incurvé d'après lequel ces maisons sont construites.

4° Le plan proposé par M. Marquian ne donne pas une solution satisfaisante des difficultés créées par la rencontre de la voie nouvelle et de la rue Créqui. Sur la voie nouvelle, l'îlot compris entre la rue Créqui et la rue Docteur-Bally viendrait se terminer en pointe. Le projet de M. Marquian laisse-t-il subsister cette pointe ? Elle est figurée sur le plan produit à l'enquête ; mais cette configuration n'est ni élégante ni pratique. Que si l'on se décide à abattre l'angle pour pratiquer un pan coupé, le carrefour prendra un aspect irrégulier qui laissera beaucoup à désirer.

5° Si l'on prolonge l'alignement du pan coupé établi par M. Marquian à la place du presbytère Saint-Louis, cet alignement rencontre non pas un des angles de la pharmacie Clavel, mais un point de la façade de cet immeuble presque symétrique à l'angle Nord de la maison Chassary. Ce point ne se distinguant par aucun signe apparent, l'alignement semblera défectueux à l'œil du spectateur qui ne saura s'en expliquer la direction.

6° Sans doute le contre-projet de M. Marquian réaliserait une économie. Mais, si l'on veut apprécier exactement cette économie, il convient de remarquer que pour se procurer les hors-lignes nécessaires, il faudrait, dans l'îlot sis entre la rue Gentil-Bernard et la rue Créqui, acquérir un certain nombre d'immeubles que ne touche pas le projet soumis à l'enquête (par exemple les parcelles 512, 513, 488 et 489). En outre, par ces acquisitions, on se trouverait forcément conduit à entreprendre et sans doute à mener à bonne fin l'œuvre de l'élargissement de la rue Gentil-Bernard. Ces dépenses compenseraient dans une certaine mesure les économies que l'on eût pu attendre de la réalisation du contre-projet de M. Marquian.

7° Il conviendrait peut-être d'ajouter à ces critiques une autre observation. Le plan de M. Marquian, tel qu'il a été versé à l'enquête, laisse subsister l'état si défectueux du carrefour formé par la rencontre des rues Saint-François et Bressieux. Toutefois, j'ai lieu de croire que l'auteur du contre-projet admettrait un élargissement de ce carrefour. On doit néamoins faire remarquer que cette modification, d'ailleurs nécessaire, viendrait encore diminuer les économies qu'on pourrait espérer de la réalisation du contre-projet de M. Marquian.

Pour les diverses raisons qui viennent d'être énumérées, je ne crois pas devoir recommander l'adoption de ce contre-projet.

Plan homologué en 1883

L'exécution intégrale du plan homologué par l'arrêté préfectoral du 27 janvier 1883 a été demandée, à l'enquête, par la déclaration collective de M. Jourdan, agent général d'assurances, et de cinquante-quatre propriétaires ou habitants de Grenoble (déclaration n° 6), et par la déclaration n° 10 émanant de M. Maximin Brun et de Mᵐᵉ Brun, née Dumolard. Plusieurs articles publiés dans les journaux quotidiens ont appuyé cette proposition.

Le plan de 1883 établissait, par la rue Corneille prolongée et la rue Saint-Louis élargie, une communication directe, de 15 mètres de largeur, entre la place Grenette et la place Victor-Hugo. Pour faciliter la communication du côté de la place Saint-Louis, le presbytère devait être rescindé. Ce plan a été exécuté en partie, par la création de la rue Corneille actuelle et par le rescindement du presbytère opéré en vertu d'une délibération du Conseil municipal du 24 février 1888. Serait-il possible d'en poursuivre maintenant l'exécution intégrale? Une semblable proposition se heurterait à des objections très graves. Outre qu'une des données essentielles du plan de 1883 est la démolition immédiate de l'église Saint-Louis, il faut encore faire remarquer, à l'encontre de ce plan :

1° Que la largeur qu'il donne à la voie (15 mètres), inférieure à la largeur *minima* jugée nécessaire, ainsi qu'il a été dit plus haut, n'est point non plus en harmonie avec la largeur de la rue Molière (1) (24 mètres), ni avec la largeur *minima* de la place Grenette (28 mètres).

2° Que la grande circulation devrait se faire en ligne brisée de la place Grenette à la rue Molière ;

3° Que les débouchés des rues latérales (Créqui et Gentil-Bernard) sur la voie nouvelle ne sont point élargis par le plan de 1883.

Projet de M. Ginas

C'est dans le plan homologué en 1883 qu'il faut chercher l'origine du contre-projet présenté au Conseil municipal par M. Ginas (pièce cotée H) et appuyée par plusieurs articles de la presse quotidienne. Toutefois M. Ginas a amélioré le plan de 1883 sur un certain nombre de points :

A. La vòie d'après le projet de 1883 présentait une largeur de 15 mètres ; celle de M. Ginas s'ouvre à 17 mètres vers la place Grenette, et va directement vers la place Victor-Hugo en se rétrécissant pour se terminer à la rue Corneille, large de 15 mètres.

B. Le projet de M. Ginas suppose à la rencontre de la rue Saint-Louis élargie et de la rue Créqui un pan coupé qui ne se retrouve pas dans le plan de 1883.

C. Enfin le projet de M. Ginas rescinde bien plus profondément que le projet de 1883 l'immeuble affecté au presbytère de Saint-Louis. Cet immeuble se trouve reculé à 16 mètres au moins de l'angle nord-ouest de l'église ; le tracé touche en outre les trois parcelles portant au cadastre les nᵒˢ 355, 356 et 357.

---

1. Il faut rappeler ici que l'ouverture de la rue Molière n'était point décidée en 1883 ; elle fut seulement arrêtée en 1887 et du coup se trouva modifiée la direction normale de la circulation entre la gare et la place Grenette.

Le plan de M. Ginas offre l'avantage d'exiger des sacrifices d'argent notablement inférieurs à ceux que demanderait
le projet soumis à l'enquête, à une condition pourtant :
c'est qu'on s'abstienne d'y comprendre le transfert de
l'église Saint-Louis. Or, bon gré malgré, la pièce principale
de ce projet étant la voie directe conduisant de la place
Grenette à la place Victor-Hugo par la rue Corneille et
ménageant la perspective de cette dernière place, il semble
qu'aujourd'hui comme en 1883, le déplacement de Saint-
Louis en constitue une partie essentielle qu'il est difficile
d'en distraire.

D'autres critiques peuvent être adressées au projet de
M. Ginas.

1° La voie directe vers la rue Corneille a la forme d'un
entonnoir dont la partie étroite se trouve vers la place
Victor-Hugo, c'est-à-dire du côté où l'esthétique voudrait
que la vue pût s'étendre et la perspective s'élargir.

2° Le grand courant de la circulation allant de la place
Grenette à la rue Molière, se fera, non suivant une ligne
droite, mais suivant une ligne brisée.

3° La largeur de la voie qui part de 17 mètres et va
diminuant, au moins dans la partie rectiligne, ne suffira
pas sur tous les points ; pour favoriser les tramways, il
faudra rogner les trottoirs (1). En tous cas cette largeur ne
sera pas en harmonie avec celle de la rue Molière ni avec
la largeur *minima* de la place Grenette.

4° Il en résulte que la voie nouvelle se raccordera fort
mal avec la rue Molière. L'alignement du pâté de maisons
qui, dans l'éventualité de la démolition de l'église, doit être
élevé entre la rue Corneille prolongée et la place Saint-
Louis suit une direction dont le prolongement va se perdre
dans les maisons de la rue Molière, sans qu'aucun signe

---

1. Il a été dit plus haut que la largeur *minima* de 17 mètres était
nécessaire pour donner satisfaction à ces deux intérêts.

extérieur donne au spectateur une explication de cette direction.

5° L'alignement du côté Sud de la voie nouvelle conservera la trace de la courbe que dessine actuellement l'alignement Nord-Ouest de la rue Saint-Louis ; la portion de la maison n° 4 de cette rue, maintenue par le projet, se trouvera légèrement en retrait sur cet alignement.

6° L'angle saillant formé sur la voie nouvelle par la rencontre des deux pans coupés (celui de la rue Créqui et celui qui serait établi sur l'emplacement du presbytère) produira un effet peu gracieux.

Pour toutes ces raisons, je ne suis point porté à accorder la préférence au contre-projet de M. Ginas.

Projet soumis à l'enquête

Reste le projet soumis à l'enquête. Il comporte essentiellement deux opérations : d'abord, et avant tout l'établissement d'une grande voie de communication directe entre la place Grenette et la rue Molière ; en second lieu les travaux destinés à préparer l'achèvement de la rue Corneille.

Je ne prétends nullement que ce projet soit parfait. La communication entre les deux villes y est assurée par une voie biaise qui ne saurait être considérée comme un idéal. Alors même qu'elle serait exécutée, on pourrait regretter encore que ceux qui ont tracé la ville neuve n'aient point ménagé, pour joindre cette ville à l'ancienne, une solution simple et élégante qui se fût imposée à leurs successeurs. Mais ces regrets seraient stériles ; il faut envisager la situation telle qu'elle est, afin d'en tirer le meilleur parti possible. Or je tiens la solution proposée par le projet soumis à l'enquête pour la meilleure de celles qui ont été discutées.

Par la voie nouvelle, d'une largeur égale à celle de

l'avenue Alsace-Lorraine et de la rue Molière, à laquelle
elle se racordera facilement, s'ouvrira entre les deux villes
une communication *directe, large* et *commode,* adaptée aux
exigences d'une circulation active, apte à se prêter à
toutes les variétés de transport, offrant aux commerçants,
comme aux promeneurs, les avantages de spacieux trottoirs, et, ce qui n'est pas à dédaigner, bordée de chaque
côté de constructions s'harmonisant entre elles par leurs
lignes générales et leurs proportions. Ajoutez-y que les
rues latérales y aboutiront par de larges dégagements
(pans coupés des rues Gentil-Bernard, Créqui, des Casernes-
de-Bonne, carrefour élargi de la rue Saint-François et de
la rue Bressieux) qui feront circuler abondamment l'air et
la lumière dans des quartiers jusqu'ici fort déshérités. Ce
sont là des avantages dont nul ne peut contester l'importance.

En même temps qu'il tranche la question capitale de la
communication à établir entre les deux villes, le projet
soumis à l'enquête présente à mes yeux deux autres mérites :

1° Il dégage la solution de cette question de toute connexité étroite avec la question du déplacement de l'église
Saint Louis, connexité dont on a montré plus haut les inconvénients.

2° Par le reculement des alignements Sud-Est de la rue
Saint-Louis, il ménage la possibilité d'achever la rue Corneille au jour où l'on croira opportun de transférer l'é-
glise Saint-Louis.

Beaucoup de personnes ont adressé d'avance à la voie
nouvelle, le reproche d'être tracée sous le vent régnant,
et s'effraient des nuages de poussière et des tourbillons de
vent qu'elle ne manquera point, d'après leurs pronostics,
d'introduire dans l'ancienne ville. Peut-être n'a-t on point
suffisamment remarqué que le vent régnant à Grenoble
souffle du Nord-Ouest, c'est-à-dire que, venant de Voreppe,
il suit une direction exactement donnée par le boulevard

Gambetta; or, la voie projetée étant à peu près perpendiculaire à cette direction ne se trouve point particulièrement destinée à donner accès à cet hôte incommode. Ceci admis, je reconnais que le vent et la poussière, aussi bien que le soleil, sont plus gênants dans les villes à voies larges que dans les villes à voies étroites, comme les vieilles cités du Midi de la France ou de l'Italie. En revanche, les voies larges présentent des avantages que notre génération semble beaucoup apprécier. Là comme ailleurs, il faut savoir subir les inconvénients pour jouir des avantages.

La plus grave des objections élevées contre le projet soumis à l'enquête est assurément celle de la dépense, évaluée à deux millions d'après des estimations qui, si sérieusement qu'elles aient été établies, présentent toujours un caractère fort aléatoire. Cette question de la dépense s'est déjà imposée et s'imposera encore à l'attention de l'assemblée municipale : c'est à cette assemblée qu'il appartiendra de supputer les forces du budget dont elle dispose en tenant compte des prévisions qu'il lui est permis de former. Sans aborder cette question (elle ne pourrait être traitée qu'après une étude de l'ensemble de la situation financière de Grenoble), je me bornerai à faire remarquer qu'on pourrait, en rectifiant le projet sur un point, supprimer une cause de dépense.

En effet, le projet soumis à l'enquête rescinde le saillant de l'hôtel Monnet, qui s'avance au début de l'alignement Nord-Ouest de la voie nouvelle. Le rapport présenté au Conseil municipal, par M. Tartari, exprimait l'espoir que l'Administration pourrait traiter amiablement avec les propriétaires de l'hôtel. Les déclarations présentées à l'enquête par le propriétaire de l'immeuble et les propriétaires de l'exploitation commerciale (déclarations nᵒˢ 3, 3 *bis* et 3 *ter*), ne permettent pas de penser que cette entente se réalise facilement et laissent supposer que d'importantes indemnités seront demandées à la Ville.

En face de cette éventualité, j'estime qu'il vaut mieux

s'abstenir de toucher en quoi que ce soit à l'hôtel Monnet. Cela supprimera, pour le présent, ou tout au moins pour l'avenir, une cause de dépense assez importante.

Au cas où l'on s'arrêterait à cette résolution, tandis que le point de départ de l'alignement Sud-Est de la voie nouvelle demeurerait fixé, comme dans le projet, à l'angle de l'hôtel de l'Europe, l'alignement Nord-Ouest partirait du saillant de l'hôtel Monnet. Les deux hôtels demeureraient ainsi intacts; mais la voie, sur un point voisin de son ouverture, n'aurait qu'une largeur de 21 m. 50; ce qui suffirait d'ailleurs à tous les besoins.

Ceci posé, deux partis pourront être adoptés :

Ou bien, partant du saillant de l'hôtel Monnet, l'alignement Nord-Ouest de la voie nouvelle se dirigera parallèlement à l'alignement Sud-Est, ce qui réduira la largeur normale de la voie sur tout son parcours à 21 m. 50 environ. Cette largeur suffirait à coup sûr à la circulation : elle permettrait peut-être de réaliser quelques économies outre celle qui résultera de la conservation intégrale de l'hôtel Monnet. Mais elle présenterait un grave inconvénient : l'alignement, au lieu de se diriger sur l'angle Sud de la pharmacie Clavel, comme il le fait d'après le projet soumis à l'enquête, irait se perdre dans les façades de la rue Molière. Cela ne manquerait pas de nuire à l'aspect général de la voie.

Ou bien, partant du saillant de l'hôtel Monnet, l'alignement Nord-Ouest, comme dans le projet soumis à l'enquête, se dirigera sur l'angle Sud de la pharmacie Clavel. Ainsi, tout en conservant intact l'hôtel Monnet, on évitera l'inconvénient qui vient d'être signalé. Sans doute, la voie nouvelle, large de 21 m. 50 vers le début, ira en s'évasant jusqu'à ce qu'elle atteigne 24 mètres à la rencontre de la rue Molière; on aura ainsi sacrifié le parallélisme des deux alignements. Mais, étant donné qu'entre le pan coupé de la rue Gentil-Bernard et la place Saint-Louis, il n'y aura pas de construction sur l'alignement Sud-Est, ce défaut de pa-

rallélisme sera très peu perceptible et ne choquera nullement l'œil du passant. C'est donc ce second parti qui pa-
raît préférable (1).

Conclusion principale

Le résultat de cette longue discussion est maintenant
facile à formuler. Dans l'état actuel des choses, le plan
dont l'exécution donnera à mon sens les résultats les plus
satisfaisants est le projet soumis à l'enquête, dont les deux
points capitaux sont :

1o L'ouverture de la voie nouvelle de 24 mètres, qui
serait conforme au projet sauf en un point : l'alignement
Nord-Ouest partirait du saillant de l'hôtel Monnet intégra-
lement, conservé et aboutirait à l'angle Sud de la pharmacie Clavel.

2o Le maintien des alignements adoptés pour le prolongement de la rue Corneille par l'arrêté préfectoral
du 27 janvier 1883.

Bien entendu il faut accepter, avec ces deux idées
maîtresses, les solutions secondaires qui les complètent
heureusement, à savoir :

1o L'établissement de trois pans coupés, aux endroits
désignés par la délibération du Conseil municipal, pour
dégager le débouché des rues latérales à la voie nouvelle.

2o L'établissement d'un carrefour spacieux qui transfor-
mera un des coins les plus laids de l'ancienne ville, à la
rencontre des rues Saint-François et Bressieux.

Enfin nul n'a fait opposition à deux propositions d'une
incontestable utilité qui figurent dans la délibération du
Conseil municipal, à savoir :

1o La déshomologation de l'alignement Ouest de la rue

1. Cette combinaison est représentée dans le plan annexé au présent rapport et figurant à l'enquête sous le no 28.

de Sault fixée par l'arrêté préfectoral du 27 janvier 1883, l'homologation de cet alignement suivant la ligne des façades actuelles, et son prolongement jusqu'à la voie nouvelle, avec interruption dans la traversée de la rue Corneille.

2° Le prolongement de la rue des Casernes-de-Bonne suivant la direction des alignements Est, avec interruption dans la traversée de la rue Corneille.

En résumé,

Sous réserve de la modification indiquée ci-dessus à propos de l'hôtel Monnet, j'émets un avis favorable à la déclaration d'utilité publique du projet tel qu'il a été soumis à l'enquête.

Conclusion Subsidiaire

Subsidiairement, si l'importance des sacrifices pécuniaires qu'exigera l'exécution de ce projet arrêtait les représentants de la commune de Grenoble, c'est, je crois, le contre-projet présenté par M. Ginas, qui offrirait le moins d'inconvénients, à la condition de ne le point compliquer du transfert de l'église Saint-Louis et de donner partout, à la voie, sauf à la rue Corneille actuelle, une largeur de 17 mètres. Toutefois je ne saurais dissimuler que les résultats de l'exécution de ce projet seraient, à mon avis, notablement inférieurs à ceux que la ville de Grenoble retirerait de la réalisation du projet soumis à l'enquête.

III

Observations Particulières

Quelques-uns des déclarants à l'enquête ont appelé l'attention sur des questions particulières que je dois signaler en terminant.

Presbytère Saint-Louis

1o Il convient de mentionner, en première ligne, la déclaration faite par M. le Président du Conseil de Fabrique de Saint-Louis au nom et par délégation dudit Conseil (déclaration no 2). Le Conseil y fait des réserves de droit concernant la suppression et le remplacement du Presbytère que ferait disparaître l'exécution de la voie nouvelle. Le Conseil ajoute que ses droits pourraient être sauvegardés par une entente amiable à laquelle il est tout disposé à se prêter. En lui donnant acte de ses réserves, je me plais à exprimer l'espoir que l'entente amiable, qui répond aux intérêts des deux parties, pourra bientôt se réaliser.

Immeuble de Polinière

2o Mme la Baronne de Polinière, dont l'immeuble, sis au no 20 de la rue Créqui, sera touché par le prolongement de la rue Corneille, croit qu'il sera inutile d'exproprier sa maison tant qu'on ne sera pas décidé à procéder au transfert de l'église Saint-Louis (déclaration no 1). Il a été répondu d'avance à cette observation par l'exposé des considérations indiquées ci-dessus, d'après lesquelles la Ville de Grenoble, loin d'abandonner le projet de prolonger la rue Corneille, ne doit rien négliger pour se ménager la possibilité de le réaliser. Il est naturel qu'au moment où elle opère le rescindement de l'îlot compris entre la rue Gentil-Bernard et la rue Créqui, la Ville rescinde aussi l'îlot correspondant compris entre la rue Créqui et la rue de Sault, pour le ramener à l'alignement de la rue Corneille prolongée.

Hôtel Monnet

3º Le propriétaire de l'immeuble affecté à l'hôtel Monnet et les propriétaires du fonds de commerce qui y est établi, ont présenté diverses objections relatives au rescindement de l'hôtel, proposé par le projet soumis à l'enquête (déclarations n°s 3, 3 *bis* et 3 *ter*). La modification qui a été proposée ci-dessus rend sans objet ces observations sur lesquelles il n'y a pas lieu d'insister.

Le Commissaire-enquêteur,

PAUL FOURNIER.

Grenoble, le 20 mai 1897.

GRENOBLE, IMPR. BARATIER ET DARDELET, GRANDE-RUE, 4.

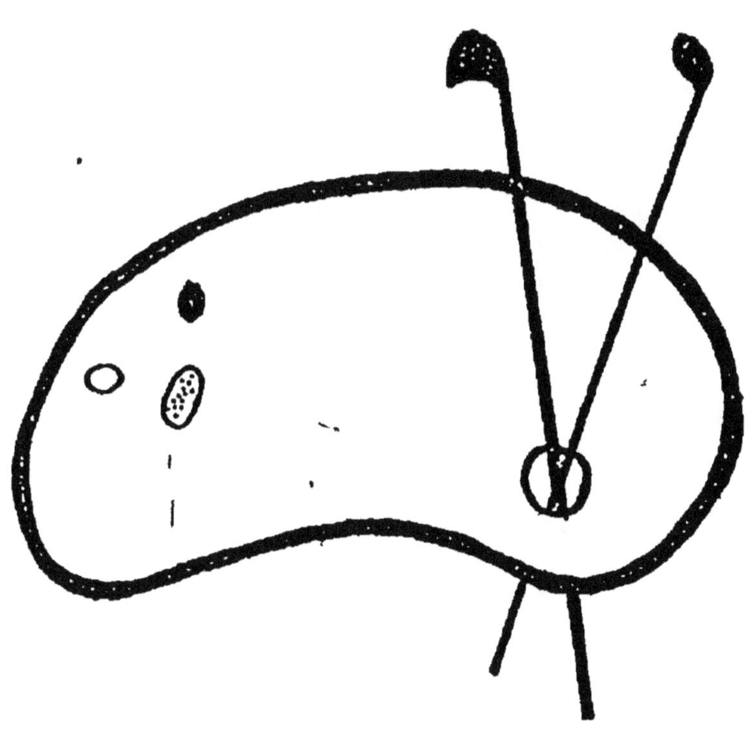

ORIGINAL EN COULEUR
Nᴼ Z 43-120-8